Desarrollo de la identidad y nacionalismo mexicanos a quinientos años

DR. MANUEL ISAÍAS LÓPEZ

NOTA DEL EDITOR

El presente escrito es una reproducción fiel y completa del texto concebido por el autor en 1992. La separación en capítulos y sus títulos son posteriores y no son de la autoría del Dr. Manuel Isaías López. Asimismo, las imágenes fueron agregadas para ilustrar algunas de las referencias hechas en el texto.

CONTENIDO

NOTA DEL AUTOR

Este ensayo fue presentado como Conferencia Magistral durante el
IX Congreso Nacional de la Asociación Mexicana de Psiquiatría
Infantil, Guanajuato, Gto., el 20 de noviembre de 1992. Antes de
preparar este manuscrito, el material fue puesto a discusión, y así
enriquecido, en el Seminario de Desarrollo III (adolescencia) con
los componentes de la generación XVII del Instituto de
Psicoanálisis de la Asociación Psicoanalítica Mexicana.

1

IDENTIDAD Y ADOLESCENCIA GRUPAL

Durante toda la infancia y la juventud, multitud de fenómenos se concatenan para integrar lo que el individuo conceptúa y experimenta, emocionalmente, lo que él es: género, forma de su cuerpo, características de su personalidad, de su apariencia, etc. En la integración de esta estructura intervienen, por ejemplo: en la infancia, los conceptos que sus padres tienen de él y las actitudes que tienen hacia él; en la adolescencia, todas las modificaciones cognoscitivas, corporales, sexuales, etc. Todos estos elementos pasan a tener una representación mental y a formar parte del concepto y noción emocional global que el sujeto tiene de sí mismo.

Entre la multitud de elementos que integran esta estructura se encuentran los provenientes de la experiencia grupal. Es decir, el conjunto de nociones de sí mismo que tiene el sujeto en función de su pertenencia al grupo.

El fenómeno grupal fue estudiado por Freud (1930) principalmente en su función de proteger al hombre de la naturaleza y de los demás hombres. Erich Fromm (1947) describe el fenómeno grupal como una satisfacción a una necesidad específicamente humana. Blos (1962) ha estudiado el fenómeno grupal en torno a su función defensiva y como eslabón fundamental del peregrinar progresivo-regresivo que hace el adolescente. Por mi parte (1990), he estudiado el fenómeno grupal en su función protectora del individuo frente a sus propios impulsos; función de la que surgen mitos y tabúes. Aquí, hemos de enfocar nuestra atención en la función que tiene el grupo en el desarrollo de elementos que forman parte de la estructuración de la identidad del individuo.

En el ser humano existe una fuerza hacia la satisfacción del deseo de pertenencia al grupo que se ha descrito y llamado sentimiento gregario. Se ha entendido que este sentimiento tiene determinantes etológicos y se ha relacionado con las conductas que presentan las hormigas, las abejas y otros animales en función de la sobrevivencia del grupo, y que llegan a conducir a los individuos a sacrificar la vida por el interés de su colonia.

Yo pienso que la misma fuerza que lleva al niño a diferenciarse de su madre fomentada por la presencia del padre a través de los tres primeros años de la vida (1968), en la adolescencia lo lleva a diferenciarse de sus figuras parentales tempranas fomentada ahora por el grupo. La fuerza que impele al adolescente hacia el grupo y que constituye su sentimiento gregario es la misma fuerza que compele al niño a lograr la individualización y el crecimiento.

Hemos de aclarar que la fenomenología gregaria en la adolescencia todavía no implica la pertenencia emocional al grupo que se va a observar en el adulto que ha desarrollado, como producto final, una lealtad cabal a su grupo y a su patria. En la adolescencia, se observa el proceso gregario en diferentes estadios de maduración.

Entiendo que la identidad grupal es un logro colectivo que es alcanzado a través de fenómenos de grupo que permiten la síntesis de los elementos que conforman dicha identidad. Así, un club, un colegio, una asociación y, desde luego, una nación han de desarrollar una identidad propia. En tratándose de una nación, el grupo ha de lograr la identidad nacional. Esta estructura deriva en la síntesis de la identidad gregaria de cada uno de los componentes del grupo y contiene varias subestructuras; unas son conceptos representacionales objetivos y subjetivos de lo que es la nacionalidad, otras son afectos que englobamos con el término nacionalismo.

Una nación desarrolla su identidad a través de un proceso de síntesis que implica movimientos libidinales y neutralización de afectos ambivalentes que se ponen en juego en el transcurso del proceso mismo. Por la naturaleza de esta fenomenología, el proceso de desarrollo de la identidad de una nación puede ser mejor descrito como una adolescencia grupal.

Como en la adolescencia individual, en la adolescencia nacional coexisten distintos elementos contradictorios componentes de la identidad que aún no han sido sintetizados. La coexistencia de estos elementos se hace posible a través de mecanismos disociativos de escisión y negación. Como en la adolescencia individual, la nacional se encamina hacia una identidad unitaria, hacia una solidez de convicciones, hacia una personalidad constante, predecible y confiable; hacia una posición capaz de tomar una trayectoria de productividad.

La adolescencia nacional no resuelta —al igual que la individual— determinará una identidad ambivalente y contradictoria, la duda frente a los valores, una impredicibilidad que inspira desconfianza y una productividad inconstante y errática.

Todas las naciones cursan por este proceso adolescente que se dificulta en proporción directa a la ambivalencia que producen sus elementos de identificación. Las naciones que tienen orígenes culturales, raciales y religiosos múltiples y conflictivos tienen una adolescencia más tormentosa. Los elementos ambivalentes coexisten y se ostentan a veces; otras veces, se escinden y se niegan.

En el proceso de síntesis de la identidad nacional mexicana ha habido elementos que han sido muy difíciles de translaborar y que permanecen vigentes en la contradicción, en la negación y en la escisión. El origen de estos elementos es múltiple y surge de la confluencia de factores traumáticos que resultan de la actuación e interacción de los distintos grupos humanos que participaron en la conformación del pueblo mexicano actual.

En forma esquemática, estos factores son:

1. El hecho de que los conquistadores españoles hayan sojuzgado y destruido el Imperio Mexica. Esto constituyó figuras de identificación negativa.

2. La justificación que los españoles encontraron para racionalizar dicha destrucción.

3. La denigración y devaluación que recayeron sobre los elementos de identificación indígena durante la Colonia. Actitudes que fueron alimentadas por los criollos y mestizos y que se perpetuaron durante la época independiente.

4. El odio y repudio hacia los elementos hispánicos que fueron incitados durante y después del movimiento insurgente a conveniencia de los criollos y los mestizos, quienes depositaron en los peninsulares todo lo indeseable disociándose a ellos mismos; enajenándose de lo español.

Como en la adolescencia individual, cada uno de los factores originadores de conflicto alimenta a los otros y se retroalimenta de ellos.

2

CONQUISTA Y DESTRUCCIÓN DEL IMPERIO AZTECA

En referencia al primer factor, hemos de decir que es claro que los conquistadores tenían por consigna arrasar con idioma, religión y arquitectura. Junto con esto, también arrasaron con la ideología y con el arte, que no podían ser desligadas; también arrasaron con los que se interpusieron. La estrategia de los conquistadores de lo que luego sería la Nueva España, consistió en aprovechar el odio que los tlaxcaltecas y otros grupos aborígenes tenían hacia los mexicas, quienes tenían sojuzgados prácticamente a todos los pobladores de dicho territorio. Una vez que cayó Tenochtitlán, todos esos otros pueblos indígenas también pasaron a ser sojuzgados por los conquistadores[1]. Se ha supuesto, de acuerdo con diferentes autores, que la población autóctona en el territorio de la Nueva España era entre nueve y 25 millones. Un siglo y medio después de la conquista, el número de indígenas apenas sobrepasaba el millón y medio. Las guerras de la conquista y la miseria habían tenido un efecto; pero la causa principal de la disminución tan dramática fue la vulnerabilidad de los nativos a enfermedades para las que los españoles eran inmunes y que éstos y los esclavos negros habían importado. Fray Toribio de Benavente cuenta que un negro que vino entre los esclavos importados de África estaba "herido de viruelas" e introdujo a América esta enfermedad. Benavente describe cómo familias y poblaciones enteras se extinguieron. Los indígenas veían con anonadada desesperanza cómo morían sus familiares y sus congéneres por centenares y que las invocaciones a sus dioses resultaban inútiles. En cambio —ironía del fenómeno inmunológico—, los dioses y diosas de los blancos protegían a éstos de la enfermedad en forma efectiva. A la larga, la apocalíptica resultante fue que en la Nueva España quedaron muchos menos indígenas de los que a veces se quiere suponer.

---

[1] Los datos históricos que aquí se presentan fueron tomados de la Enciclopedia de México, Director: José Rogelio Álvarez. México, 1977. Mi intención no es hacer un análisis histórico de dichos datos; sino mostrar cómo se han concatenado los eventos en el transcurso de las vicisitudes que ha ido sufriendo el desarrollo de nuestra identidad nacional.

Por otro lado, después de las hazañas de los conquistadores, otro tipo de españoles empezaron a llegar a la Nueva España. Vinieron sacerdotes y hermanos misioneros, hijosdalgos pertenecientes a la nobleza inferior, exsoldados de las guerras de Oriente que —aburridos en la Península— venían en búsqueda de aventuras; artesanos, comerciantes y tenderos. Pero sobre todo —por millares— vinieron toda clase de aventureros, tahúres, vagabundos, gañanes y malvivientes en general. Se dice que para 1560 ya había en la Nueva España más de sesenta mil peninsulares. Las poblaciones españolas se siguieron volcando sobre América; ciudades como Burgos, la del Cid, llegaron a estar en peligro al haber disminuido su población en forma más que alarmante. La migración de peninsulares a la Nueva España no disminuyó sino hasta el siglo XVIII.

La esclavitud hizo estragos durante el siglo XVI a pesar de que el Rey prohibió, desde 1530, esclavizar a los indígenas. La encomienda, forma feudal de explotación, fue inicialmente erradicada por el Rey en 1542; pero persistió en la Nueva España hasta principios del siguiente siglo. Inclusive, en otras colonias como Yucatán persistió hasta el siglo XIX. Las tiendas de raya, invento de Fray Bartolomé de las Casas, sustituyeron a la esclavitud; servían para mantener a los naturales endeudados y cautivos en sus trabajos: si un deudor se escapaba, la ley lo retornaba a su amo. De las Casas, lleno de misericordia hacia los indígenas maltratados y explotados por los peninsulares, propuso la importación de esclavos negros.

Los españoles de segunda y de tercera se encargaron de perpetuar y perfeccionar el sistema del cohecho y de las gratificaciones a los burócratas para que fueran efectivos, y para que no se perdieran los expedientes. La *tortuguista* burocracia y la corrupción se desarrolló tanto en la Nueva España, como en la Metrópoli. Los puestos de gobierno estaban en venta al mejor postor, y eran heredables. Los puestos más importantes se vendían en la Península; y los no tan importantes, en la Nueva España. Los virreyes eran nombrados directamente por el Rey de España, y duraban en el cargo un promedio de seis años. La mayoría se enriqueció fabulosamente durante su sexenio.

La creación de figuras hispánicas de identificación negativa fue inevitable. Los conquistadores, los tratantes de esclavos, los explotadores, los encomenderos habían de generar el odio y el repudio que fue retomado posterior-mente como combustible del proceso de independencia.

El pueblo mexicano —a veces se reconoce— proviene fundamentalmente del encuentro de dos culturas. En verdad, el encuentro fue brutal y sangriento. El muralista Jorge González Camarena plasmó dramáticamente la crueldad del encuentro en su mural *Fusión de Dos Culturas*; esta alegoría se reproduce en el reverso del billete de cincuenta mil pesos.

En el anverso; es decir, en la otra cara de la moneda, se ostenta la imagen de Cuauhtémoc.

Otra obra de González Camarena, *El Abrazo*, subraya con gran fuerza expresiva e impactante ironía la catastrófica naturaleza del encuentro.

López Portillo expresó, hace unas semanas, que el descubrimiento de América constituyó una "catástrofe cósmica para las razas autóctonas cuyos dioses se convirtieron en demonios, sus reyes en esclavos y los esclavos en polvo".

3

JUSTIFICACIÓN DE LA DESTRUCCIÓN

En cuanto al segundo factor, la justificación, hemos de decir que como especialistas en salud mental no podemos negar el valor intrínseco de una racionalización; tan tiene valor que es útil para racionalizar: Los conquistadores tenían valores y convicciones religiosas y capacidad de lealtad para su rey y para su patria. Al fin y al cabo, estos valores habían alimentado su identidad nacional. Sin embargo, también como profesionistas de la conducta, sabemos que lo que mueve al hombre hacia sus logros no es el amor al prójimo, ni a Dios, ni a la religión. Lo que lo mueve es la búsqueda del retorno al estado de omnipotencia que experimentó en forma alucinada en la simbiosis con la madre. El narcisismo y el amor al poder es lo que movió a Alejandro el Magno, a Nabucodonosor, a Julio César, a Gengis Kan, a Tiberio y a Tito; a Isabel la Católica, a Cortés, a Pizarro, a Balboa y a Alvarado. La historia nos muestra cómo el narcisismo maligno afloró en estos personajes cuando hubieron de asesinarse hasta entre ellos mismos en aras del poder.

El egoísmo, la codicia y el amor al poder se ocultó detrás de la religión y, así, se justificó la conquista en función de la cristianización de los pueblos paganos. Al fin y al cabo, así se habían justificado las masacres desde las épocas de Pelayo y del Cid hasta la de la toma de Granada unos meses antes de la llegada de Colón al Nuevo Mundo. Cuando Granada cayó en poder de Castilla y Aragón, miles de árabes murieron en la feroz y sangrienta batalla, sus mujeres fueron mancilladas y sus hijas doncellas vendidas en pública almoneda. Esta última hazaña valió para que los Soberanos de Castilla y Aragón recibieran del Papa Alejandro VI, el Papa Borgia, el título de Reyes Católicos. Las masacres de Cholula y de Tenochtitlán acercaron a la Reina Isabel a la beatificación.

Poner en duda que el móvil de la conquista haya sido el amor a La Cruz y el deseo de salvar las almas de los infieles, llevó a Fray Servando Teresa de Mier a ser tildado de hereje. Fray Servando también dijo que el cristianismo no había sido traído por los españoles; sino por el apóstol Santo Tomás, conocido en tierras americanas como Quetzalcóatl; predicó, además, que la Virgen del Tepeyac era conocida desde antes de la conquista con el nombre de Tonantzin, y que había sido pintada no en la tilma de Juan Diego sino en la capa de Quetzalcóatl; es decir, de Santo Tomás. La verdad es que Fray Servando, en su afán de destrozar todo lo que oliera a hispano, se extralimitó; él fue el prototipo del criollo –y luego del mexicano– escindido negador de su heredad hispana, tanto como D. Lucas Alamán fue el prototipo del mexicano hispanista; el otro lado de la escisión.

La idea justificatoria en términos de la religión y el lenguaje, para intentar validez, ha insistido en que la población autóctona era salvaje y pagana; tiene que despreciar y denigrar lo indígena. Esta sobreinsistencia presupone que sólo los aborígenes hubieron de ser modificados y que los españoles no. Presupone que la cultura indígena, su arte, su religión y su idioma no tuvieron valor. Exagera el valor de lo que los peninsulares trajeron y disminuye el de lo que llevaron a la metrópoli. Esta posición causa una polarización y un repudio de lo español y lo disocia de lo propio. De este tipo de posturas podemos culpar a mexicanos como D. Lucas Alamán –político leal a la Corona– que con su hispanofilia produjo un antihispanismo extremo como el de Fray Servando Teresa de Mier. La denigración que hizo éste de lo hispánico produjo una corriente antiamericanista en Europa. Así se cerró el circulo vicioso de retroalimentación denigratoria y de imposibilidad de síntesis.

4

DENIGRACIÓN DE LO INDÍGENA

Para entender la denigración de lo indígena, tercer factor en la escisión de la identidad, hemos de reflexionar que para cuando el movimiento de independencia se inició, había en la Nueva España un millón de criollos que durante la Colonia eran llamados españoles; éstos constituían el 20% de la población. Había un millón de mestizos que hacía otro 20%, y unos tres millones de indígenas. Además, habían unas cuantas decenas de miles de españoles nacidos en la Península; los llamados *gachupines*. Habían, además, los descendientes de los 250 000 esclavos negros que fueron importados en los tres siglos de colonia. Los criollos, además de tener esposa en sus casas palaciegas que construían en los cascos de las haciendas, tenían —según su categoría— dos, tres o más amantes indias y hasta alguna negra, con sus respectivos *chilpayates* y *pipiltotontin* en chozas de la periferia de la hacienda; lo que ahora llamaríamos *casas chicas*. Los mestizos que eran hijos legítimos, producto del matrimonio de un peninsular y una indígena, o de un criollo y una indígena o de un criollo y una mestiza; se integraban a los españoles (es decir, a los criollos). Los que eran producto de unión ilegítima tenían que ser inscritos en el padrón de la infamia en las parroquias. Como el matrimonio entre negro o descendiente de negro con criollo o con peninsular no existía a nivel legal, todos los negroides: mulatos, cambujos, zambos, barcinos, coyotes y albarazados quedaban automáticamente inscritos en dicho padrón de la infamia. Los indígenas no podían hacer sino el trabajo más servil y, ante la ley, estaban considerados como menores de edad y nunca dejaban de serlo; es decir, se les consideraba retardados mentales.

Durante la Colonia, todos los mestizos y españoles criollos se identificaban con el grupo dominante y trataban de oscurecer las diferencias entre ellos y los españoles nacidos en la Península. No ser español en ese sentido amplio, que incluía a los mestizos hijos legítimos y a los criollos, era ser hijo malnacido y estar en el padrón de la infamia. Todo mundo trataba de lucir lo que tuviera de español. La discriminación de todo lo que no fuera español y especialmente de lo indígena, disoció estos elementos de identificación y ha hecho difícil que puedan ser reincorporados.

5

REPUDIO DE LO ESPAÑOL

Finalmente, el cuarto factor determinante de la disociación de la identidad nacional es la necesidad que todos tuvieron, cercano el movimiento independientista y la época independiente, de desembarazarse de todo elemento español y colocarlo específicamente en los peninsulares; ahí, atacarlo con la ilusión de haberlo extinguido de la naciente mexicanidad. Al ocultar estas partes –al negarlas– fueron compartimentalizadas; la mexicanidad quedó parcializada[2]. Al acercarse la época del movimiento independientista, describe Humbolt, solamen-

---

[2] Identificamos aquí la utilización de un mecanismo defensivo consistente de la proyección de las características propias indeseables sobre un objeto que luego es atacado, destruido o excluido. El objeto de proyección posee las características que se repudian, por eso es escogido convenientemente. La ilusión que se crea el sujeto es la de haberse deshecho de esas características quedando completamente desposeído de ellas. Llamaré aquí a este subterfugio *mecanismo de extinción conveniente* en la inteligencia de que incluye la función de otros mecanismos como, por ejemplo, la proyección. El *mecanismo de extinción conveniente* se presenta con frecuencia durante la adolescencia.

te los criollos de las provincias seguían llamándose –a ellos mismos– españoles. Los de las ciudades, sobre todo los de la Ciudad de México, ya no querían que se les llamara así; se hacían llamar americanos y se trataban de distinguir de los blancos nacidos en la península, a quienes llamaban *gachupines*. Probablemente, en esa época se inició la connotación injuriosa de la palabra *gachupín*; antes, su uso era corriente hasta en los documentos expedidos por el gobierno virreinal.

El movimiento independientista estalló a expensas del desacuerdo de los criollos con la Península, en especial por los excesivos impuestos causados por la guerra de España con Francia. Cabe decir que la carga fiscal estaba toda sobre los criollos, ya que los indígenas no pagaban impuestos, solamente pagaban un tributo anual modesto de dos pesos por jefe de familia. Se desató la lucha entre los llamados insurgentes y los llamados realistas. Españoles, mestizos y criollos ocuparon sus puestos en cada bando... y algunos en ambos bandos. Los indígenas fueron utilizados, como en la conquista, como carne de cañón; no tenían adiestramiento militar alguno ya que, durante la Colonia, estaban excluidos del servicio militar y les estaba prohibido montar a caballo. En un momento dado, en 1808, habiéndose declarado en la Nueva España el gobierno de España como ilegítimo, estuvo a punto de proclamarse un gobierno independiente con el Virrey Iturrigaray como Rey. Éste terminó destituido y acusado de infidencia. D. Miguel Domínguez, el Corregidor de

Querétaro, que había cooperado en esa conspiración, ayudó a destruir la evidencia en contra de Iturrigaray. Poco después, las reuniones literarias en casa del Corregidor de Querétaro y su esposa Dña. Josefa Ortiz, empezaron a ser de insurgencia.

Durante el siglo XVIII los españoles –peninsulares y criollos– habían sido la clase explotadora de los indígenas. Cuando se consumó la independencia, los criollos quedaron como dueños y señores del abuso; sin embargo, culparon a los peninsulares de todos los excesos y se proclamaron salvadores. Pero el *atole con el dedo* que había sido tan efectivo desde Fray Bartolomé, empezó a no tener el resultado obtenido por tres siglos. Empezaron a haber rebeliones de los indígenas; algunas muy graves. En Sonora, los Yaquis arrasaban con criollos y mestizos. En Yucatán, en julio de 1847, se inició el último esfuerzo maya para recobrar su libertad y el dominio de su territorio. Una conspiración fue descubierta por el gobierno. Los mayas tenían planeado degollar a todos los blancos y mestizos como los negros de Haití habían hecho con los franceses. Algunos líderes mayas fueron fusilados. Como varios escaparon, las fuerzas del gobierno incendiaron Tepich sin dar ocasión a que los ancianos, mujeres y niños salieran de sus casas. Así se inició la llamada guerra de castas en la península de Yucatán, que había de durar 54 años, aunque los problemas que la originaron continuaron causando inquietud hasta 1937. Rigoberta Menchú advierte que todavía hay motivo de inquietud y habla de la posibilidad de levantamientos armados. Sus padres y hermanos fueron asesinados, y su pueblo, no el guatemalteco sino el quiche, ha sido sujeto a toda clase de ultrajes e injusticias. Dña. Rigoberta tuvo que aprender español para hacerse oír. Gritó tan fuerte que su voz se escuchó del otro lado del Atlántico; por aquí, no se oía...

6

INTENTOS ACTUALES DE INTEGRACIÓN

Después de 500 años del encuentro, y 170 de independencia, existen en México unos 2 millones de familias de raíz indígena en comunidades que constituyen la capa más rezagada de la sociedad. Hay quien piensa, como López Portillo, que esto se debe a su marginamiento; otros piensan que se debe a su idiosincrasia. Los esfuerzos de las autoridades y de una enorme y costosa elite de especialistas dirigidos a la integración cultural de las comunidades indígenas ha obtenido logros relativamente pobres.

Por cierto, entre los sucesos de protesta ocurridos el 12 de octubre de 1992, se distinguen, por lo menos, tres tipos de fenómenos. Se aparecieron los grupos indígenas que, año con año, el día de La Raza vienen a protestar a La Basílica, al monumento de La Raza y al monumento de Colón. Este último día de La Raza, como era el de los 500 años, hasta salieron en los periódicos. Otro tipo de manifestación que se presentó fue de grupos que cometieron destrozos en los monumentos. Este fenómeno se presentó en muchas ciudades de América. Entre los grupos que cometieron vandalismos había algunos de muchachos vestidos y peinados en forma extravagante que los periódicos llamaron *punks*. También hubo grupos extremistas indigenistas que exigieron el rompimiento con los blancos y el cambio de idioma. Sacrificaron animales en el atrio de la basílica; probablemente no obtuvieron permiso para sacrificar humanos.

Creo entender que entre las protestas, las hay legítimas por parte de los indígenas. También hay oportunismo para agredir al sistema. También hay muestra de ambivalencia y agresión a los aspectos hispánicos que hay en el pueblo mexicano y que son repudiados, proyectados, escindidos y atacados en el objeto de proyección[3]. Un pie de foto de un periódico de mayor circulación dice: "Grupos radicales indigenistas, que repudian la historia de América, se congregaron en el Zócalo para mostrar su inconformidad con lo que son: mestizos, hijos de dos razas, pero una distinta y única". No se si la barbaridad de este pie de foto representa un *lapsus calami* o una ironía. Las autoridades se ocuparon de que en el mismo día quedaran reparados los destrozos. Como todo en México, hasta la misma muerte, los acontecimientos acabaron en broma. El conflicto

---

[3] Que, como dije anteriormente, he llamado aquí *mecanismo de extinción conveniente*.

quedó en suspenso para una mejor oportunidad de elaboración.

25

7

EL CABALLITO

México lleva solamente 170 años de vida independiente. Estos fueron precedidos por 300 años de colonialismo durante los que se gestaron los distintos elementos de identificación. En el crisol están los elementos múltiples que constituyeron la identificación hispánica medieval y renacentista, lo visigótico, lo árabe y lo judío entre otros muchos elementos que se funden con los nahuatlacas. La ambivalencia se ha puesto en juego y los elementos de identificación contradictorios coexisten sin lograr síntesis.

A partir de la época independiente se observan acontecimientos representativos de la ambivalencia hacia las partes contradictorias. Uno de ellos es la historia y destino de la estatua ecuestre de Carlos IV.

Esta singular escultura, de acuerdo con todos, es una obra de arte magnífica, y tiene un tamaño espectacular. Es la única estatua ecuestre en el mundo que haya sido fundida en una sola pieza. La escultura fue creada por un artista arquitecto español, Manuel Tolsá, quién legó a la Nueva España y luego al México independiente su creatividad y sus enseñanzas en la Academia de San Carlos.

La estatua fue inaugurada en 1803 por el Virrey Iturrigaray en la plaza mayor de la Ciudad de México. Después de la proclamación de la independencia, Carlos IV era símbolo del odiado colonialismo para los mexicanos antihispanistas como Fray Servando. Para los mexicanos hispanistas, como D. Lucas, Carlos IV había sido un rey torpe, débil y cornuto culpable de que España hubiera perdido su grandeza y sus colonias; pero, ambos, independientemente, reconocían la grandeza artística de la obra de Tolsá. El Emperador Iturbide, sin saber qué hacer con la estatua y con sus ambivalencias, la cubrió con un globo azul. D. Guadalupe Victoria, que no era tan sensible, quería convertir la estatua en una reja para la Alameda. D. Lucas Alamán logró salvar la estatua y llevarla, en 1824, a un lugar seguro: al patio de la Universidad[4], edificio que se encontraba al lado del ahora Palacio Nacional, detrás de donde fue la Plaza del Volador y ahora la Suprema Corte de Justicia. La balaustrada fue a dar a la Alameda y la reja al Castillo de Chapultepec.

En la Universidad, Carlos IV no se salvó de una que otra pedrada y de botes de pintura que le lanzaron algunos estudiantes extremistas; que al fin y al cabo no fueron tan drásticos como los que dinamitaron la estatua de D. Miguel Alemán en la Ciudad Universitaria en los años

---

4 El grabado que representa la estatua ecuestre de Carlos IV en el patio del antiguo edificio de la Universidad luce en el reverso del billete de dos mil pesos.

sesenta. En fin, la escultura se quedó en la Universidad hasta 1852, cuando el gobierno conservador de Arista permitió que Carlos IV asomara las narices.

La estatua fue llevada y colocada donde terminaba la Ciudad de México, casi a despoblado, donde estaba la plaza de toros y empezaba a surgir la Avenida Bucareli. Cuando se transportó, fue cuando por primera vez se le llamó *El Caballito* utilizando el diminutivo irónico-despectivo tan singular en el español que se habla en México. Desde su nueva morada, El Caballito observó como crecía México hasta que a alguien le estorbó y, junto con La Diana, que quién sabe por qué también estorbó, fueron quitados de en medio.

Más recientemente, en 1972, después de una época en que se trató de rescatar héroes y valores precoloniales y poscoloniales, se dio cabida al rescate de las tradiciones criollas: apareció el billete de a mil, con la españolísima y *colonialísima* plaza de Santo Domingo; eso sí, sin la Corregidora.

También, se dio nombre a la Plaza Manuel Tolsá, que aunque no tiene mucho de plaza, tiene, frente a frente, dos hermosos palacios debidos a la arquitectura del mismo artista. Ahí, desde 1972, la estatua del Caballito no luce tanto como en la glorieta donde estaba; que había llegado a ser un lugar de referencia en la Ciudad de México. En la Plaza Manuel Tolsá, las únicas que le hacen justicia son las palomas. La Glorieta del Caballito quedó vacía. Cuando La Diana regresó al Paseo de la Reforma, surgió la pregunta de si El Caballito también regresaría. En ausencia del Caballito, hace unos meses se colocó, en la famosa glorieta, otra escultura –otro caballito– que es representativa del geometrismo del siglo XX.

Toda una historia y sus fantasmas: la Colonia, Tolsá, Guadalupe Victoria, Lucas Alamán, los conservadores y los liberales; hasta López Portillo y, ahora, Sebastián, presencian y merodean en la historia de nuestra adolescencia nacional.

A veces, como buen adolescente, nuestra cultura importa elementos de identificación completamente extraños. Hubo músicos mexicanos que compusieron óperas en francés; el español les parecía demasiado vulgar para ser utilizado en el bel canto. A fines del siglo pasado lo francés adquirió imagen de elegancia y hasta la arquitectura se hizo afrancesada. Muchos edificios de construcción española estrenaron una fachada francesa.

Francesismo sólo en la fachada como en el *as if* de la adolescencia. La iglesia parroquial de San Miguel de Allende, construida en el siglo XVIII en estilo español cuando San Miguel era todavía San Miguel el Grande, estrenó, durante la época de D. Porfirio una llamativa fachada gótica.

Otras iglesias se construyeron con fachadas francesas aunque en el interior tuvieron un estilo románico español. Lo único que los arquitectos mexicanos podían construir en estilo francés eran las fachadas, que conocían por los grabados que se importaban de Europa.

8

EL HIMNO NACIONAL

La historia de nuestro Himno Nacional es también la historia de nuestras ambivalencias y recuerda a personajes cuyas acciones fueron consideradas heroicas en una época y que luego recibieron el olvido propositivo de la historia: La IV estrofa del Himno hubo de ser borrada por aludir al patriotismo de Iturbide. Luego, se borró la VII por referirse al heroísmo de Santa Anna. Más tarde, cuando se puso de moda ensalzar el pacifismo del mexicano, se propuso suprimir las estrofas que contenían aire bélico. Gracias a que el decreto presidencial del General D. Manuel Ávila Camacho del 20 de octubre de 1942 prohibió hacer más borrones ambivalentes, todavía cantamos cuatro de las diez estrofas que escribió el imprudente poeta.

La letra del Himno fue escrita por un mexicano que había sido criollo, es decir español; que a la edad de cinco años hubo de exiliarse a la ciudad de Cádiz junto con su familia; ya que su padre no quiso someterse, como español, a la ley de expulsión de peninsulares. Su ambivalencia para participar en el Certamen del Himno fue superada por su novia Guadalupe, la de su poema "A Elisa", quien lo encerró en sus habitaciones hasta que, unas horas más tarde, le pasó el escrito del poema por debajo de la puerta. González Bocanegra escribió, también, otros poemas grandiosos como el Himno a Miramón, admirado general conservador.

En cuanto a la música del Himno, las notas gloriosas de las campanas de la catedral de la Ciudad de México resonaron en la inspiración catalana de Jaime Nunó. El jurado dictaminó que la música que más expresaba y enmarcaba el sentir patriótico nacional, había sido compuesta por el concursante, incógnito de acuerdo a las reglas del certamen, que había usado el lema identificatorio Dios y Libertad, y cuyas iniciales eran J.N.

El Himno se estrenó el 17 de mayo de 1854 en el Teatro de Oriente; pero no con la música de un español; sino con la música de Giacomo Bottesini. Luego, algo sucedió; quizá el mismo Santa Anna impuso a Nunó. Después de todo, él había traído a Nunó de Cuba. Quizá se dijo que al fin y al cabo Nunó no era español; sino catalán. Finalmente, el Himno se estrenó con la música de Nunó el 15 de septiembre de 1854 en el Teatro Santa Anna; Bottesini dirigió la orquesta, González Bocanegra pronunció el discurso oficial, Su Alteza Serenísima –Santa Anna– no se presentó.

El Diario Oficial no publicó la noticia. Nunó y Bocanegra jamás recibieron los premios prometidos. El Himno compuesto por Nunó y Bocanegra se impuso sobre todos los otros intentos, y los mexicanos lo calificaron como el más hermoso del mundo...; claro, después de la Marsellesa.

Santa Anna, que por lo visto le gustaba promover certámenes, había promovido otro, en 1843, para encargar la construcción del monumento de la independencia que habría de ocupar la plaza mayor. El concurso lo había ganado otro español, Lorenzo de la Hidalga. Éste construyó el Mercado del Volador y el Teatro Nacional; pero ese monumento a la independencia nunca se llegó a construir, sólo se construyó el zócalo para dicho monumento. Con el tiempo, la palabra *zócalo* se adoptó como nombre popular de la plaza mayor, que actualmente se llama Plaza de la Constitución; aludiendo, naturalmente, a la Constitución de 1917. Aunque ya en 1813 había recibido el nombre de Plaza de la Constitución porque en ese lugar, en 1812, tiempos del Virrey Calleja, fue jurada la Constitución de Cádiz.

Poco años después, alabado sea Freud, las autoridades perdieron la partitura del Himno Nacional. Ya en este siglo XX, se nombraron a varios personajes para formar una comisión que recuperara y redescubriera el Himno. Entre los comisionados estaban el Maestro D. Julián Carrillo y D. José López Portillo y Rojas. Aquel, había encontrado el sonido 13, que desde la edad media se había perdido. La prole de éste redescubrió a Quetzalcóatl. En el transcurso de las investigaciones de la comisión, nuestro himno perdió el tempo de marcha en sus estrofas y la voz mayor que canta en bronce. En 1953, centenario del Himno Nacional, se convocó a otro certamen —esta vez ya no fue Santa Anna— para escoger los diseños para cuatro timbres postales conmemorativos al Himno. De los cuatro diseños ganadores, tres fueron del pintor refugiado español José Renau.

9

LA VIRGEN DE GUADALUPE

"Todo en América luce diferente, los colores se ven diferentes," decía el Padre Mier. El idioma suena diferente, se ha suavizado en América. "Hasta los perros que trajeron los peninsulares dejaron de ladrar cuando conocieron al itzcuintli", comenta Henestrosa[5]. Los dioses también cambiaron. El sincretismo se ocupó de una transacción natural. Como en muchas otras partes del mundo, los templos paganos fueron derrumbados y en los mismos lugares se construyeron iglesias. Frecuentemente, los indígenas seguían adorando ídolos que colocaban, escondidos, atrás o debajo de las imágenes religiosas cristianas. Los predicadores, al hablar en náhuatl, utilizaban el término *Tonantzin* para referirse a la Virgen María. Tonantzin quiere decir nuestra madre, y los aborígenes llamaban así a la madre de los dioses y, desde antes de la

---

[5] Profesor Andrés Henestrosa: Conferencia *Encuentro de Dos Mundos. 500 Años de la Conquista de América.* Asociación Médica del *American British Cowdray Hospital,* Ciudad de México, 22 de octubre de 1992.

conquista, había un templo dedicado a ella en el Cerro del Tepeyac. Se dice que la diosa se aparecía a los indígenas en figura de una jovencita. Siempre a uno solo de ellos, y le revelaba cosas secretas. Esa no fue la única superposición ideológica: la bondad eminente de Cristo hacía que lo confundieran con Quetzalcóatl, otras veces se le fundía con Huitzilopochtli; ya que la madre de éste, Coatlicue, lo concibió –según la creencia indígena– sin previo contacto sexual con hombre alguno. Huitzilopochtli también era confundido con el Apóstol Santiago por sus atributos guerreros, y San Isidro Labrador con Tláloc.

La Virgen de Guadalupe adquirió, en la escisión, durante la Colonia, por lo menos tres personalidades: para los indígenas era *La Indita*; para los criollos, *La Criollita*; y para los mestizos, *La Mesticita*. Los españoles tenían a la Virgen de los Remedios, a quien los insurgentes llamaban despectivamente *La Gachupina*. La Virgen de los Remedios había protegido a los españoles en su huida hacia Popotla después de la batalla que ocasionó la célebre Noche Triste. *La Gachupina* distrajo a los mexicas y, por culpa de ella, se les escaparon los españoles. Durante la guerra de independencia afloró la antipatía hacia la Virgen de los Remedios; cuando un estandarte con esta virgen caía en manos de los insurgentes, lo profanaban haciendo cosas indecorosas sobre él. En represalia, los realistas hacían otro tanto con *La Guadalupana* cuando una efigie de ésta caía en su poder. En esos tiempos, en la escisión, volvieron a tener distintos dioses.

10

NUESTRO MÉXICO ACTUAL

A través de nuestra historia se han buscado héroes, figuras de identificación que afiancen el sentimiento nacional. Se han usado sus nombres para denominar largas avenidas. Se ha buscado tener héroes, como en la Colonia los criollos buscaban tener santos. En 1949, La Maestra Eulalia Guzmán descubrió en la iglesia del pueblo de Ixcateopan, Guerrero, lo que describió como los restos del último emperador mexica, Cuauhtémoc. El Gobierno de la República de ese tiempo, menos exigente que el Arzobispo Zumárraga, declaró al templo de Ixcateopan Altar de la Patria. Ahí permanecen los restos que encontró la Sra. Guzmán.

En el proceso que vivimos en nuestra adolescencia nacional, a veces tiramos cuetes la noche del 15 de septiembre, sin darnos cuenta que es el día de San Porfirio lo que estamos celebrando. Hemos escondido, ladinamente, toda clase de ídolos detrás de las imágenes que supuestamente veneramos. No importa qué tan blancos seamos, a veces nos sentimos igualitos a D. Benito o hasta a Cuauhtémoc. No importa qué tan lejos nos encontremos del ideal hispano, siempre encontramos a alguien más lépero, más pelado o más *naco* para despreciarlo.

Las identificaciones escindidas de los pueblos americanos –de nosotros–, permiten al neocriollo, como hace 200 años, renegar de su pasado español –proyectarlo y atacarlo– y festinar lo aborigen, al mismo tiempo que abusa de alguna forma y desprecia al indígena. Como hace 200 años, la técnica sigue siendo minimizar, aparentemente, las diferencias entre unos, otros y otros. Todos nos englobamos bajo el mismo gentilicio; pero, si se puede, hay que sacar provecho de la posición privilegiada, de las conocencias y de las palancas –arriba los neocriollos–; que hagan cola los indios y los mediocres.

Los mexicanos actuales, de ascendencia indígena o hispánica o germánica, o sajona, o semítica hemos de continuar la trayectoria adolescente hacia la síntesis que además permita la coexistencia de los contrarios, heredada de los mexicas. Los mexicanos de apellido O'Gorman, Gerzso, Goeritz, Mayer, Meyer tendrán más elementos de identificación que integrar; pero no por eso dejarán de luchar con las contradicciones que la historia mexicana nos heredó. Esto me lo ejemplificó un paciente de 8 años de edad, de pelos amarillos, ojo azul, piel lechosa y de apellido terminado en *anski*. Era un 14 de septiembre que había coincidido con la festividad del Yom Kipur. Con voz dulce, el niño me dijo: "también mañana es el día cuando le ganamos a los españoles".

Piel cobriza que admira la blancura con nostalgia. Tez de aspecto pálido que codicia lo bronceado. Idioma, religión, arquitectura, drama, poesía, agricultura; todo habría de acarrear determinantes híbridos que moldearían las nuevas naciones. Recientes personajes de prosapia incierta. Ambivalencia hacia lo hispano coexistiendo con indigenismo ambiguo. Anfibológica estirpe que desciende en nuestro aún embrollado linaje. Esfuerzo continuo de 500 años que aún lucha por la síntesis que incorpore precedentes en pugna. Identidad en proceso que todavía no reconoce y desconoce los factores que la han conformado. Pueblos en esfuerzo de síntesis que se esfuerzan por alcanzar la individualización recurriendo a mecanismos que conforman un *as if* que cristaliza en mito. Pueblos que, también en esto, remedan la historia de los ancestros como el adolescente que huyendo horrorizado de la posibilidad de parecerse a su padre se rebela, pretende desvincularse de él, y acaba por repetir su historia.

La Estrella Polar que guió a Colón aún brilla en el septentrión *–Ursa Maior–*; también ella orientó a los arquitectos de Teotihuacán. Tonantzin, disfrazada de

Guadalupe en el Tepeyac, es ungida de las Américas, como el Benemérito.

"¿Quién vendrá? ¿Y por dónde!..." –dice Lorca– "Grandes estrellas de escarcha vienen con el pez de sombra que abre el camino del alba". Las promesa que *truxeron* los falsos mesías no son las definitivas. Aún esperamos el advenimiento de la síntesis que ordenó el Señor del Cerca y del Junto y que Quetzalcóatl profetizó. Que vengan los que han de venir del lugar del misterio de nuestro adentro. Que nos muestren las búsquedas que Netzahualcóyotl, hablando de amor, señaló a Axayácatl y a Tezozómoc; pero que también abran nuestros ojos y nuestros corazones, y nos enseñen el buen cantar, y a quemar las naves, y a mirar hacia adelante...

BIBLIOGRAFÍA

Freud, S. (1930): El malestar en la cultura. *Obras Completas*, 3:1-65. Madrid: Editorial Biblioteca Nueva.

Fromm, E. (1947): *Man for Himself.* Greenwich, CT: Fawcett Publications.

Blos, P. (1962): *On Adolescence: A Psychoanalytic Interpretation.* New York: Free Press of Glencoe.

López, M. I. (1990): *La Encrucijada de la Adolescencia.* México: Hispánicas.

Mahler, M. (1968): *On Human Symbiosis and the Vicissitudes of Individuation. I: Infantile Psychosis.* Nueva York: IUP.

SOBRE EL AUTOR

El Dr. Manuel Isaías López fue médico cirujano graduado de la Facultad de Medicina de la Universidad Nacional Autónoma de México; especialista en Psiquiatría General y Psiquiatría Infantil graduado del *Medical College of Pennsylvania*; psicoanalista, psicoanalista infantil y de la adolescencia y psicoanalista docente graduado del Instituto de Psicoanálisis de la Asociación Psicoanalítica Mexicana; doctor en Bioética graduado de la Universidad Anáhuac. Fue autor de más de 150 trabajos sobre temas de Psiquiatría, Psiquiatría Infantil y Bioética, que fueron publicados en revistas científicas y como capítulos de libros especializados. Certificado en Psiquiatría y en Psiquiatría Infantil por el Consejo Mexicano de Psiquiatría, institución de la que formó parte de su cuerpo directivo por 20 años. Fue fundador y coordinador durante 25 años del Curso de Especialidad en Psiquiatría Infantil y de la Adolescencia del Departamento de Psiquiatría de la Facultad de Medicina, División de Estudios Superiores de la Universidad Nacional Autónoma de México. Fue profesor del curso de Maestría en Psicoterapia de la Escuela de Psicología de la Universidad Anáhuac y profesor del curso del doctorado en Bioética de la Facultad de Bioética de la Universidad Anáhuac. Fue presidente de la Asociación Psicoanalítica Mexicana, presidente fundador de la Asociación Mexicana de Psiquiatría Infantil, socio de la Asociación Psiquiátrica Mexicana, de la Sociedad Mexicana de Neurología y Psiquiatría y de la *American Psychiatric Association*, miembro de número vitalicio de la Academia Mexicana de Pediatría, Miembro de número del *American College of Psychiatrists*, miembro vitalicio de la *American Academy of Child and Adolescent Psychiatry* y miembro vitalicio de la *International Psychoanalytical Association*. En sus últimos años, fue miembro del *Institute for Psychoanalytic Training and Research,* en Nueva York. Además de los puestos institucionales que como psiquiatra ocupó, el Dr. López ejerció psiquiatría, psiquiatría infantil y psicoanálisis en consulta privada por 45 años.

www.ingramcontent.com/pod-product-compliance
Lightning Source LLC
Chambersburg PA
CBHW040233240726

48664CB00001B/113